AF371142

RECHERCHES

SUR

LES ORIGINES DE

LA LANGUE BASQUE

PAR

Hyacinthe DE CHARENCEY.

Extrait du n° de Juillet 1859, des **Annales de Philosophie chrétienne**, t. XX, p. 18 (4ᵉ série).

PARIS,

CHALLAMEL AÎNÉ, LIBRAIRE-COMMISSIONNAIRE,

Pour l'Algérie et l'étranger,

RUE DES BOULANGERS, 30.

1859

RECHERCHES

SUR

LES ORIGINES DE LA LANGUE BASQUE.

De toutes les questions qui ont jusqu'à ce jour attiré l'attention des linguistes, nulle peut-être n'a donné lieu à de plus longs débats que celle des origines de la langue basque, nulle à coup sûr n'a reçu un plus grand nombre de solutions contradictoires. Tour à tour regardé comme l'idiome *primitif*, père de toutes les autres, comme un *mélange confus* des jargons parlés par les barbares, au moment de la grande invasion, comme un *dialecte du celtique* ou du *mauritanien*, le Basque ou Euskarien a enfin été déclaré par les philologues, une langue sans parenté connue, un dernier vestige des dialectes en vigueur chez les aborigènes du continent européen.

Il ne nous est pas possible de nous ranger à cet avis; les affinités grammaticales et lexicologiques qu'une comparaison attentive nous révèle entre le basque et les langues ouraliennes sont évidemment de la nature la plus intime et ne nous permettent pas de révoquer en doute, la communauté d'origines des Euskariens et des tribus *finnoises*. L'examen de ces affinités fera l'objet d'un travail ultérieur. Aujourd'hui, nous nous bornerons à quelques considérations historiques tirées de l'étude même de la langue basque.

1° *De l'état primitif de la nation basque.* Il suffit d'un coup d'œil jeté sur la grammaire basque pour s'assurer que les ancêtres du peuple *eskualdunak*, ont dû se trouver, au moment où leur idiome s'est constitué, dans un état de civilisation peu avancé. Ces formes *agglutinantes*, cette faculté de former des composés en éliminant des radicaux, comme dans le mot *orsans*, tonnerre, de *orts*, nuage et *asans*, bruit, que l'on remarque à chaque instant, n'ont pu prendre naissance que chez des hommes ignorants de l'art d'écrire. « On sait, en ef-
» fet, nous dit M. Hase, dans son *Cours de philologie comparée,*
» que l'usage fréquent chez un peuple des procédés graphi-

» ques donne au dialecte qu'il parle une tendance analytique » bien prononcée. » Peut-être est-ce à l'antiquité de l'art d'écrire chez les Egyptiens et les Chinois, qu'il faut attribuer la structure si analytique, si monosyllabique des idiomes de ces deux nations. Au contraire, l'homme qui n'a d'autre moyen de communiquer sa pensée que la parole, enrichit volontiers sa grammaire de formes *polysynthétiques*. C'est ce qui a eu lieu par exemple chez beaucoup de tribus américaines. C'est ce qui se remarque encore dans le vieux français ; on trouve toujours les pronoms personnels et possessifs accolés aux noms ou aux verbes dont ils dépendent comme dans les mots *mâme* pour mon âme, *jaimions* pour nous aimions, *mamour* pour mon amour. Lors de la renaissance, une nouvelle langue se forma dont le caractère est éminemment analytique, parce qu'elle est l'œuvre d'un peuple chez lequel l'écriture est devenue d'un usage presque universel.

Une particularité remarquable de la langue basque et qui d'ailleurs ne se trouve guère que dans les idiomes tout à fait incultes, c'est ce penchant à diminuer le nombre des mots radicaux pour augmenter celui des composés. Au lieu par exemple, d'emprunter à leurs premiers ancêtres les Finnois, les radicaux servant à désigner la *lune* et le *soleil*, les Basques ont eu recours aux formes complexes *higouski*, soleil ; litt. *diem faciens* [1]. — *Hillargi* et *argi sagi*, lune ; litt. *lumen mortuum* ou *dux luminis*, de *hill*, mort, *argi*, lumière et *sagi*, *dux*, *ducere*.

N'oublions pas enfin que la langue basque manifeste une certaine propension à remplacer le système de numération *décimal* par un système *quinquésimal*, puisqu'elle donne à tous leurs noms de nombre de 5 à 10, une flexion particulière *entsihyts*, ou *pi*, dont les nombres inférieurs sont dépourvus. Or, l'on sait [2] que l'altération du système numéral primitif est, pour toutes les tribus chez lesquelles elle a été observée, une suite du retour à la barbarie et de cet affaiblissement des facultés calculatrices qui en est la conséquence habituelle.

---

[1] Voy. Darrigol, *Considérations sur la langue basque.*

[2] Voy. notre *Compte-rendu de l'Histoire du Mexique*, par M. Brasseur de Bourbourg, dans les *Annales de philosophie*, t. XIV.

Qu'on ne s'étonne pas au reste que, malgré l'état peu avancé
de leur civilisation, les Basques aient pu polir leur idiome au
point d'en faire le premier peut-être de tous les dialectes
de l'*Oural*. La perfection grammaticale de telle ou telle langue
ne tient pas nécessairement à la supériorité de l'état social du
peuple qui la parle. Elle paraît dépendre, en grande partie du
moins, d'autres causes que nous essaierons d'indiquer dans
un travail subséquent [1].

La comparaison du vocabulaire *basque* avec les lexiques de
l'*Oural* nous a mis à même de constater un certain nombre
de rapports qui, nous l'espérons, ne seront pas dénués d'in-
térêt pour les amateurs d'*ethnologie comparée*. Presque tous
les mots qui, chez les Euskariens, désignent les *animaux domestiques* sont évidemment empruntés aux Finnois. Par exemple en basque *ergui*, un jeune bœuf; swom. *herké*, un taureau; lap. *herké*, un renne mâle (les Lapons ne connaissent
pas d'autre bétail que le renne); turk osm. *œkous*. — Basq.
ak'er, un bouc; swo. *kaouris*. — *Sa kour*, un chien (le *sa* est
préfixe); swo. *koïra;* lap. *kœïré*. — *Ahari*, un mouton; swo.
yéhéré; madj. *uru*. — *Shari*, un porc; madj. *sertès*. — *Sa mari*,
un cheval; madj. *tsamar*, un âne. Les Basques avaient donc
au moment où leur langue s'est constituée l'usage des animaux domestiques.

L'art de fondre les métaux semble lui aussi avoir été, dès
l'origine, connu des peuples de l'antique *Ibérie*. Le mot basque *bourdin*, qui désigne le fer, se retrouve bien évidemment dans l'ostyak *kourt*, et le vogoule *karti*.

Il est bien certain cependant qu'un peuple ne se serait
guère avisé de donner de nom particulier à ce métal, s'il
n'avait su le travailler et s'il ne lui était devenu nécessaire de
le distinguer des autres espèces de minéraux. Les nations
indo-européennes, qui ne connaissaient pas l'usage du fer, au
moment de leur dispersion, lui ont donné un nom différent
dans chacune des régions où elles se sont établies, et l'on cher-
cherait vainement le *ferrum* des Latins, le σίδηρον des Grecs,
le *eisen* allemand, dans les mots *zends* ou *sanscrits* qui désignent
ce minéral.

[1] Voy. nos *Recherches sur les races humaines*.

Le fer, celui de tous les métaux dont la découverte dut être cependant la plus tardive, était donc connu des races tartares dès les premiers temps. C'est là, à coup sûr, la meilleure preuve de cette supériorité qu'elles possédèrent si longtemps dans l'art de la métallurgie. Il n'est question, dans les poésies scandinaves, que d'armes, de chaînes indestructibles forgées par les nains magiciens des rives de la mer Blanche [1]. Le *Kalévala*, recueil le plus complet que nous possédions des antiques légendes mythologiques de la race ouralienne, est évidemment l'œuvre d'un peuple adonné aux travaux des mines. On y trouve une tradition des plus curieuses sur la formation des diverses espèces de fer. Les *Telchines* des îles de la mer Egée, les *Kabyres* de Samothrace, habiles à la fois dans l'art des enchantements et dans le travail des métaux, et dont l'apparition dans l'Europe méridionale remonte, sans aucun doute, plus haut que l'arrivée des nations *hellènes* et *pélasgiques*, appartenaient vraisemblablement, eux aussi, à la race *ouralienne*.

Enfin, la similitude du mot basque *bilbé*, trame, avec le madjar *belfonal*, nous indique que l'art du tisserand était en vigueur chez les Ouraliens dès l'époque la plus reculée.

Si de l'examen des termes propres à la vie *pastorale*, nous passons à celui des expressions consacrées à la vie *agricole*, nous arriverons à une conclusion tout opposée. Les mots qui servent à désigner le blé, le pain, le labourage, sont tous étrangers aux langues de l'Oural, et se retrouvent, en partie notable du moins, dans les idiomes *sémitiques*. Les Euskariens, d'abord exclusivement pasteurs ou forgerons, comme le sont aujourd'hui encore un grand nombre de tribus tartares ou arabes, n'ont donc connu l'agriculture que par suite de leurs relations avec les navigateurs phéniciens. Au moment de l'invasion punique et de la conquête romaine, la plupart des tribus ibériennes étaient encore nomades, et ne connaissaient d'autres richesses que leurs nombreux troupeaux.

L'idiome euskarien paraît avoir, au reste, été primitivement fort répandu. Nous savons qu'il constituait le fond de

---

[1] Malte-Brun, *Précis de géogr.*, vol. III.

presque tous les dialectes parlés en Espagne [1]. C'est par lui également que s'expliquent un grand nombre de noms de localités de la Mauritanie et des îles du bassin occidental de la Méditerranée [2]. Sénèque nous atteste l'origine ibérienne des Corses, et Thucydide regarde les Sicanes de la Sicile comme se devant rattacher à la même race. Il en faut vraisemblablement dire autant des *Aquitains* qui habitaient tous les pays compris entre les Pyrénées et la Garonne, et des *Ligures,* cantonnés au midi de la Gaule et sur les bords du golfe de Gênes. Enfin, Tacite regarde comme colonie espagnole, l'une des tribus du sud de la Bretagne, dont les caractères physiques différaient essentiellement de ceux des autres habitants de l'île. L'on est à peu près d'accord aujourd'hui à assigner la même origine à ces étrangers aux cheveux noirs, au teint basané que les vieilles chroniques irlandaises désignent sous le nom d'Africains, et qui contrastaient avec une autre race au teint pâle, aux cheveux blonds, dans laquelle on a voulu retrouver une nation finnoise.

Une partie du territoire primitif de la race ibérienne fut successivement occupée par des peuplades celtiques, et peut-être même africaines, et par des colonies grecques et phéniciennes. C'est en ce sens vraisemblablement qu'il faut entendre le passage de Strabon où il est dit que l'Espagne se trouvait partagée en un grand nombre de nations différant les unes des autres par leurs mœurs et leur langage.

L'Europe entière a donc, avant l'arrivée des nations *indo-germaniques,* été peuplée par des tribus d'origine *tartare,* dont les unes furent par la suite refoulées au nord, comme les *Permiens,* les *Finnois* et les *Lapons;* les autres, ainsi que les nations *ibériennes,* rejetées sur les bords de l'océan Atlantique.

Cette hypothèse se trouve, pour ainsi dire, changée en certitude par la découverte en Belgique, sur les bords du Rhin et dans le nord de la France, de débris humains paraissant indiquer l'existence, dans toute cette région, de peuplades de pe-

---

[1] M. Boudard, *sur la numismatique ibérienne.*

[2] *Prüfung der Untersuchungen über die Urbewohner hispaniens mittelst der Vaskischen sprache,* 1821, Berlin, par G. de Humboldt.

[3] Voy. la *Vie d'Agricola.*

tite taille comme les *Lapons*, et appartenant comme eux au rameau *Mongolique* [1]. Des fouilles faites à Black - Drummund, en Ecosse, ont également permis de constater l'ancienne présence, dans les Iles Britanniques, d'une race d'hommes toute différente de la race qui les habite aujourd'hui.

Ces vieilles tribus semblent elles-mêmes avoir été précédées d'une première couche de population analogue aux Endamènes de l'Afrique occidentale, des districts montagneux de l'Inde et de la Nouvelle-Hollande. Quelques vestiges en ont pu être retrouvés sur les rives du *Danube* et dans les cavernes de Bèze, département de l'Hérault [2].

Quoi qu'il en soit, les Basques ont, ainsi que les Finnois et les Esthoniens, conservé le type primitif de leur race, qui était le type caucasique. C'était vraisemblablement aussi le type primordial du genre humain tout entier, puisque c'est le seul que nous retrouvions commun à des races essentiellement distinctes l'une de l'autre [3]. Par exemple, aux Sémites, aux Indo-Européens, aux Kabyles de l'Algérie, aux insulaires de la mer du Sud, et même à quelques tribus du Nouveau-Monde, tels que les Abipons sur les rives de la Plata, les Maudancs à l'ouest des États-Unis, les Montagnets du Labrador. Plus, au contraire, les peuples ouraliens s'avancent vers l'orient, et plus ce type tend, vers le nord, à s'effacer pour être, chez les Turcs nomades, les Mongols et les Japonais, exclusivement remplacé par le type jaune ou mongolique [4].

2° *Des analogies que la langue basque nous offre avec les idiomes berber, égyptien et phénicien*, etc., etc., etc. Nous avons déjà signalé la ressemblance extrême que présente le pronom personnel de la première personne chez les Euskariens et les montagnards de l'Atlas ; il en faut dire autant de la désinence du féminin en *s* chez les Basques, *t* ou *th,* chez les peuples Kabyles. Ajoutons enfin qu'un certain nombre de radicaux

[1] Voy. l'article de M. Littré à ce sujet, inséré dans la *Revue des Deux-Mondes*, 1858.

[2] Voy. Daniel Wilson : *Mémoire* lu à la Soc. bretonne, *sur la probabilité d'une population antérieure aux Celtes, en Ecosse.*

[3] Voyez Zimmermann, *Du monde avant la création de l'homme.*

[4] Voy. nos *Recherches sur les races humaines.*

les plus importants du berber [1] offrent bien de l'analogie avec leurs correspondants euskariens ou finnois. Tels sont, par exemple, le mot *mas*, fils, identique au *moso*, garçon, des Basques et des Espagnols; au *miès*, homme, des Swomes; au *mourt*, des Siryènes; au *moutsou*, mâle, homme des Japonais, et peut-être même au *mas* du latin. — *Tigmi*, maison; basq., *tegi* et *teï*; lat. *tectum.*—*Imi*, bouche; tcherém, *elmyé.*—Berb., *sébaït*, soulier; basq., *sapat*; madj., *tchipet*; swo., *sappâs*, etc. — *Ohzan*, dent; basq., *orts.* — *Gayet*, nuit; basq., *gaou*; swo. *kaïho*, ténèbres. — *Ouchen*, loup; basq., *tsoo.* — *Méraou*, dix, basq., *hamar.* — *Asif*, rivière; tchouvach, *tchiva.* Ce radical se retrouve dans un grand nombre d'idiomes américains, *sip, sipou, sipi*, sign., fleuve. Par exemple, *m'écha sippi*, le Mississipi, litt. *le père des fleuves.* — *Imik*, peu; basq., *mikitt*, fragment, morceau. — *Orti*, jardin; lat., *hortus*, — *Ergez*, homme; turk, *erkek*, mâle. Nous ne donnons, au reste, ces rapprochements qu'à titre de simple curiosité et sans en prétendre tirer d'induction au point de vue ethnologique.

M. de Humboldt, dans le vocabulaire qui accompagne son *Essai sur la langue basque*, nous signale les mots suivants comme se retrouvant dans le kophte [2] :

	BASQUE.	KOPHTE.
Nouveau.	*Béri*	*Béri*
Chien.	*Sakour, Or*	*Oukor*
Petit.	*Gouchi, gouti*	*Koudchi*
Pain.	*Ogi*	*Otk*
Loup	*Otcho*	*Ounsh*
Sept	*Saspi*	*Chochf.*

Ces rapports nous semblent d'autant plus dignes d'attention, que de nombreuses analogies ont déjà été signalées par Klaproth, entre l'ancienne langue égyptienne et les dialectes de l'Oural.

Adelung nous donne, dans son *Mithridates*, une liste de mots basques paraissant empruntés aux idiomes *germaniques*; nous n'aurons pas à nous en occuper ici. L'on trouvera, au reste,

---

[1] *Voyage d'Ali-Bey-el-Abassi*; tome 1er, p. 283 et traduct. de l'*Hist. des Berbères* d'Ibn Khaldoun, par M. le Baron de Slane.

[2] Cf. Wieseman, *Disc. sur les rapp. de la relig. révélée et de la science.*

mentionnés dans notre prochain mémoire quelques nouveaux points d'analogie entre la langue euskarienne et les dialectes d'origine teutonique.

Enfin, nous devons à l'obligeance d'un savant orientaliste, de M. A. *Castaing*, le tableau suivant des emprunts faits par la langue basque aux idiomes sémitiques.

BASQUE.	PHÉNICIEN OU HÉBREU.
Ap'our, morceau.	*Parar*, fregit.
Arrots, étranger.	*Routs*, aggredi, hostiliter gerere.
Baashouri, ail.	*Betsel*, oignon.
Béhi, vache,	*Béhir*, troupeau.
Béhor, jument.	*Bahar*, animaux.
Ber'es, séparer et *Barreou*, dispersé.	Arabe, *Paras*, diviser.—Hébr. *Barar*, separavit.
Erbi, lièvre.	*Arnebeth*; Arab. *Arneb* (*n* euphoniq.).
Atsor, stérile.	Hebr. *Atsar*, stérilité des femmes (Klaproth).
Bortits, solide, stable.	Arab. *Barid*, stable, ou grec βαρυς, lourd (Klaproth).
Gari, grêle.	*Gérakh* (Klap.). — Syriaq. *qaraz*, friguit.
Garaiti, vaincre.	Arab. *Gâhar*, victoire; d'où le nom de la ville du Caire.
Gouné, côté, portion.	Arab. *Qanar*; Hébr. *qaneb*, aliéner, mettre de côté, dérober.
Gor, sourd.	Arab. *Kho'r*, ou du Swom. *Kouori*,
Karroin, gelée et *ik'ara*, trembler.	Swom. *Kilmé*, froid, en latin *querquerus*, froid (lucius), et *querquera*, fièvre froide, frisson. —Syriaq. *qaraz*, friguit. Voy. *gari*, grêle.
Har, prendre, tenir.	*Arag*, tenuit.
Hobiel, nébuleux.	*Houb*, texit, et *hab*, nubes.
Hiri, ville.	*Hir*, oppidum, civitas.
Goutis, peu.	*Qathon*, petit.
Hel, arriver.	*Ialakh* et *halaleh*, ivit, abiit.
Garr'in, *garr'asi*, cri.	*Qara*, clamavit, legit.—Arab. *qor'an*, le Coran, la lecture.
Ilk'i et *yalgi*, sortir.	Voy. *hel*, arriver, ou du swo. *oulko*, hors de, extérieur.
Insh, rancune.	*Sana*, *sineah*, odit.
Isen, nom.	*Schem*, ou du Suom. *Sanoa*, nommer.
Itsal, ombre.	*Tsalal*, obumbravit, se volvit; *tsel*, umbræ.
Gar, flamme.	*Gahal*, il a brûlé; *géhal*, charbons ardents.
Ideren, trouver, rencontrer.	*Iadhah*, cognovit, animadvertit.
Ik'ous, voir, vu.	*Hakah*, spectavit; forme pihel *hék-ah*; ou du swo, *katsoa*, examiner, turk. kos. *gœs*, œil.
Kishkil, sot, stupide.	Syr. *Sakhal*, stultus fieri (douteux)
Neï, finir.	Arab. *Anhia*, finis.
Ogi, pain.	*Hangah*, placenta in cinere cocta, panis.
Ol', cabane, maison.	*Ohel*, tabernaculum, domus.
Op'il, petit pain.	*Apha*, coxit panem.

BASQUE.	PHÉNICIEN OU HÉBREU.
Ouhaïts, rivière.	Arab. *Ouad*, ravin, rivière.
Mak'el, bàton.	*Makkel*, ou du latin *baculum*.
Tsap'ali, grenouille.	*Tséphardeah*.
Asi, semence.	*Zarah*, semer; *Zéra*, semence.
Atcho, vieille femme.	Arab. *âzous*, vetula, ou du lap. *aka*, épouse.
Atseri, renard.	Arab. *hedjès* (Klap.).
Atsarm, vestige (douteux).	Arab. *Atsir* (Klap.).
Aragi, viande.	Arab. *a'rq'* os, couvert de viande (Klap.).
Leisé, trou, cave.	Arab. *ledjef*, cave (Klap.).
Sar, entrer, s'introduire.	Arab. *sar*, ire, transire.
Samari, cheval.	*Hamar*, âne (rouge).—Syriaq. *samarya*, cheval sauvage (Klap.). — De là, sans doute, le Madj. *tsamar*, âne.
Sorbald, épaule.	*Sarbalin*, braccæ persarum; grec, σαραϐαλλα.
Shango, jambe.	*Schano*, currere, et *schoq*. crus, grec ϛαγχη, et lat. *zancha*, *zanga*, bottes.—Gascon, *tchanque*, une échasse; Swo., *Yalka*, pied; Madj. *djalog*, piéton.
Shéder, lacet pour prendre les oiseaux	*Tsoud*, faire la chasse.
Shik'in, sale.	*Sakhan*, miser fuit; de là la forme *misken*; arab. *meskin*; l'italien, *meschino*; le français, *mesquin*.
Bourdin, fer.	Syriaq. *barzel*; de là provient le vogoule *Kourt* et l'ostyak *karti*.
Herrek, ordre, rang.	*Harakh*, ordine disposuit; et *herekh*, ordo.
Hilch, usé.	*Hachech*, concidit, contabuit, collapsus est, ut vestis usu trita.
Houn, bon.	*Hanan*, benignus fuit ; *hen*, favor, benevolentia.
Hourbil, proche.	*Qarab*, appropinquavit.

Nous remarquerons dans ce tableau que les mots *bourdin*, fer, et *shamar*, cheval, existent à la fois en basque, dans les idiomes ouraliens et sémitiques. Il en faut vraisemblablement dire autant du mot *sesen*, taureau, qui se retrouve dans l'arabe *tzoah* et dans le suomi *sonni*. Leur emploi remonte donc à une époque extrêmement reculée et semble dater de cette période anté-historique pendant laquelle les hommes n'avaient point encore quitté les régions de l'Asie occidentale. Tous les autres mots sémitiques, que nous retrouvons en vigueur chez les montagnards des Pyrénées, semblent autant d'importations des colons tyriens ou carthaginois qui, dès le 6ᵉ siècle avant l'ère chrétienne, visitaient les côtes de Gaule et d'Espagne. Ce ne sont pas, au reste, les seuls vestiges d'influence phénicienne que nous retrouvions chez les Basques. Les armes de Navarre sont, suivant Oïenhart, *une émeraude entourée de glo-*

bules sur une mer phénicienne d'or, au cœur vert. Enfin, l'être fantastique et malfaisant, désigné par les Basques du nom de fée *Mamou,* paraît identique à cette déesse *Babia,* en l'honneur de laquelle les habitants de Damas faisaient de nombreux sacrifices d'enfants. De nos jours, encore, les bonnes provençales menaçent leurs nourrissons de la colère de la fée *Babau.*

Telles sont les analogies les plus remarquables que nous avons pu signaler entre l'idiome euskarien et les dialectes sémitiques. Nous examinerons, dans différents mémoires dont la publication ne se fera pas, nous l'espérons, beaucoup attendre, les nombreuses et incontestables analogies que nous présente la langue *basque* avec les langues de *l'Oural* et les dialectes *américains.*

VERSAILLES. — IMPRIMERIE DE BEAU Jᵐᵉ, RUE DE L'ORANGERIE, 36.